Inhalt

Steinkohle-Kompromiss - Glückliche Politiker, unglückliche Kumpel und "Glück auf!" für die RAG

Kernthesen

Beitrag

Fallbeispiele

Zahlen und Fakten

Weiterführende Literatur

Impressum

Steinkohle-Kompromiss - Glückliche Politiker, unglückliche Kumpel und "Glück auf!" für die RAG

Autor GENIOS BranchenWissen: A.Schneider

Kernthesen

- Der Bund, die Kohleländer Nordrhein-Westfalen und das Saarland, die RAG und die IG Bergbau, Chemie, Energie haben sich Anfang Februar auf den so genannten "Steinkohle-Kompromiss" geeinigt.
- Zum Ende des Jahres 2018 soll die subventionierte Förderung der Steinkohle in Deutschland sozialverträglich beendet sein.
- Nordrhein-Westfalen ist bereits ab 2014 von

den Subventionszahlungen für den Bergbau befreit.
- Das Saarland erhält 100 Millionen Euro von der RAG für den Strukturwandel.
- Die "Ewigkeitslasten" sollen durch die Mittel beglichen werden, die durch den Börsengang der RAG AG erwirtschaftet werden.

Beitrag

Die Bergmannspatronin Barbara hat bald nichts mehr zu tun: Spätestens im Jahr 2018, so lautet die Botschaft des jüngst gefundenen Steinkohle-Kompromisses, ist in den Kohleschächten an Ruhr und Saar endgültig Schicht im Schacht.

Das Ende eines deutschen Geschichtsabschnitts ist damit eingeläutet, der Steinkohlebergbau wird bald seine letzten Zechen schließen. Die Bergmannspatronin Barbara hat keinen Grund mehr zum Feiern, das Steigerlied wird noch einmal erklingen und den Steiger ein letztes Mal sein helles Licht bei der Nacht anzünden lassen, das Zechen-Feinripp wird ein letztes Mal getragen und dann für immer in der Schwarzkaue aufgehangen werden.

Man sollte sich ihn einprägen, den Wortschatz der Bergleute, denn unseren Kindeskindern wird er nur noch in Geschichtsbüchern begegnen. Unter Streb wird höchstens noch ein Streber verstanden werden, und dass ein Alter Mann auch ein abgebauter Kohleflöz sein kann, weiß dann wohl niemand mehr.

Steinkohlekompromiss macht scheinbar alle glücklich

Der seit Monaten andauernde zähe Verhandlungsmarathon um die Zukunft der deutschen Steinkohleförderung ist (vorerst) zu Ende. Alle Beteiligten haben ihre letzte Runde absolviert und meldeten einen erfolgreichen Zieleinlauf. Der Bund, die Kohleländer Nordrhein-Westfalen und das Saarland, die RAG und die Gewerkschaft begrüßen den Anfang Februar gefundenen Steinkohle-Kompromiss; die Gesichter von Michael Glos, Jürgen Rüttgers (NRW), Peter Müller (Saarland), Werner Müller (RAG) und Hubertus Schmoldt (IG Bergbau, Chemie, Energie) haben ihr Lächeln wieder gefunden.

Nach langem Hin und Her hat man sich auf einen Kompromiss geeinigt, über den sich wohl alle freuen können. Bis zum Jahr 2018 wird im nördlichen Ruhrgebiet noch Steinkohle gefördert. Dann soll

Schluss sein. In den "Eckpunkten einer kohlepolitischen Verständigung" ist das Ziel festgelegt, "die subventionierte Förderung der Steinkohle in Deutschland zum Ende des Jahres 2018 sozialverträglich zu beenden".

Wo man hinschaut, sieht man (scheinbar) nur Gewinner!

Das Land Nordrhein-Westfalen freut sich, dass es bereits ab 2014 von den Subventionszahlungen für den Bergbau befreit ist - vier Jahre früher als geplant. Das Land wird nach Angaben seines Finanzministers durch den Kohlekompromiss rund 740 Millionen Euro sparen, davon 468 Millionen bei den Absatzhilfen. Weitere 272 Millionen spare NRW, weil Rückstellungen für die Altlasten des Bergbaus vorgezogen werden und der Bund dadurch einen höheren Anteil übernehmen müsse als nach 2018. NRW erhält zwar keine Strukturhilfe vom Bund mehr, will aber nach dem vereinbarten Ausstieg aus der Steinkohleförderung den Strukturwandel im Ruhrgebiet weiter forcieren. Ministerpräsident Jürgen Rüttgers (CDU) will verstärkt in Innovationen, Mittelstand und kleinere technologieorientierte Firmen investieren.

Das Saarland freut sich über 100 Millionen Euro, die es von der RAG für den Strukturwandel erhält.

Ministerpräsident Peter Müller (CDU) arbeitet seit seinem Amtsantritt im Herbst 1999 konsequent auf den Kohleausstieg hin. Ende 2007 wird die DSK an der Saar 5 400 Mitarbeiter beschäftigen, 2010 sollen es 3 700 sein und im Jahr 2012 rund 2 600. Gleichzeitig treibt der Ministerpräsident die strukturpolitische Neuorientierung seines Landes voran. 2 000 neue Jobs sollen geschaffen werden, um auch weiterhin betriebsbedingte Kündigungen zu vermeiden und den Bergleuten neue Berufsperspektiven zu eröffnen. Chancen sieht er noch in der Logistik-Branche, die sich im Saarland - vor allem an der Bundesstraße B269 Richtung französisches Autobahnnetz - sehr gut entwickle. Auch für Autozulieferer und Maschinenbauer sei das Land sehr attraktiv. (1)

Der Gewerkschaftsboss Hubertus Schmoldt freut sich, dass jetzt sichergestellt ist, dass "kein Bergmann ins Bergfreie fallen wird", mit anderen Worten eine sozialverträgliche Lösung für alle Kumpel sichergestellt ist und keine betriebsbedingten Kündigungen erforderlich sind.

Der RAG-Vorstandschef Werner Müller freut sich, dass der Weg für den Börsengang seines Konzerns nun endlich frei ist.

Die Bundesregierung freut sich, dass auch in Zukunft

vermutlich keine Bergleute in der Arbeitslosenstatistik auftauchen werden und sie keine regionalen Strukturhilfen mehr leisten muss.

Alle sind glücklich und ein Hintertürchen gibt es auch: Im Jahr 2012 wird der Ausstieg noch einmal überprüft. Dann soll der Bundestag auf Grundlage eines Berichts der Bundesregierung sowie der Landesregierungen Nordrhein-Westfalens und des Saarlands überprüfen, ob der Steinkohlebergbau unter Beachtung der Gesichtspunkte der Wirtschaftlichkeit, der Sicherung der Energieversorgung sowie der übrigen energiepolitischen Ziele weiter gefördert wird. Sollten sich die Interessen (Wahlergebnisse?) bis dahin geändert haben und ein Sockelbergbau erhalten bleiben, müsste der Bund diesen allein finanzieren. (2), (3), (4)

Der Weltmarkt boomt; Australien feiert Rekorde, doch Deutschland ist ein Auslaufmodell

Die Wehmut der Bergleute und Steinkohle-Anhänger ist durchaus verständlich. Vor allem dann, wenn zu lesen ist, dass die Kohle gerade ein weltweites

Comeback erlebt.
Die US-Energiebehörde EIA prognostiziert, dass sich der weltweite Kohleverbrauch bis 2030 fast verdoppeln wird auf jährlich 10,6 Milliarden Tonnen. Parallel dazu werde der Anteil am globalen Energieverbrauch von 24 auf 27 Prozent wachsen. In China wird alle sieben bis zehn Tage ein neues Kraftwerk eröffnet, das mit Kohle befeuert wird. Sogar in den USA, wo in den 90er Jahren nur sechs Prozent der neu errichteten Kraftwerkskapazitäten auf Kohle entfielen, geht der Trend wieder hin zur Kohle.
Und Australiens Steinkohlebranche feiert immer neue Rekorde. Derzeit sind 107 Minen aktiv, im vergangenen halben Jahr wurden 16 neue Minen in Betrieb genommen. Im laufenden Wirtschaftsjahr werden rund 320 Millionen Tonnen gefördert. Bis 2012 werden Wachstumsraten von 21 Prozent erwartet. 2006 wurden etwa 2,2 Millionen Tonnen nach Deutschland verschifft. Der große Vorteil liegt in der Geologie - fast die Hälfte der australischen Flöze lassen sich im Tagebau abbauen. Der Bergbau ist damit schnell, günstig und effizient. (5)

Die deutschen Abbaugebiete liegen dagegen in vergleichsweise extremen Tiefen (bis zu 1 000 Meter); das macht die Förderung technisch anspruchsvoll und somit teuer. Die deutsche Steinkohle ist auf dem Weltmarkt nicht wettbewerbsfähig, der Absatz daher immer weiter rückläufig.

Die deutsche Steinkohleförderung ist seit vielen Jahren ein Auslaufmodell. Die Fakten sprechen längst eine klare Sprache: In den 1950er Jahren waren es mal 50 Zechen. In den 60ern wurden noch 146 Millionen Tonnen Steinkohle von 490 000 Kumpeln aus deutschem Flöz gehoben. [Abb.1] Seit den 70ern sollte der "Kohlepfennig" die deutsche Steinkohle retten - vergeblich. Anfang der 90er Jahre sank die Belegschaft der Zechen unter die 100 000er-Marke. (6) 2006 wurden in den acht verbliebenen deutschen Zechen noch 21,5 Millionen Tonnen Steinkohle im Wert von 1,3 Milliarden Euro gefördert. Rund 34 700 Beschäftigte hatten Arbeit. Mit 2,6 Milliarden Euro wurde das Ganze subventioniert. Inzwischen kauft Deutschland zwei Drittel seines Steinkohlebedarfs auf dem Weltmarkt ein.

Ewigkeitslasten und Erblastenvertrag

Wenn die Zechen dicht sind was wird bleiben? Der Satz des einstigen Vorsitzenden der Industriegewerkschaft Bergbau und Energie (IG BE) Adolf Schmidt "Kein Bergmann fällt ins Freie", die Stadt Essen als Weltkulturerbe-Stätte des

Ruhrgebiets und Weltkulturhauptstadt 2010, 70 000 sichere Arbeitsplätze der RAG AG nach dem Börsengang und die so genannten "Ewigkeitslasten".

Der jahrzehntelange Steinkohlebergbau hat seine Spuren hinterlassen: Bergschäden, sich senkender und einbrechender Erdboden, rissige Strassen, Häuser mit Rissen in den Wänden und mehr als 170 Pumpwerke, die täglich das Grundwasser abpumpen, weil der Grundwasserspiegel gestiegen ist und sonst alles in einem riesigen See zu verschwinden droht. Hierfür werden noch viele Jahre lang erhebliche Kosten anfallen.
Dem aktuellen Kohlekompromiss zufolge sollen diese Ewigkeitslasten durch die Mittel beglichen werden, die durch den Börsengang der RAG erwirtschaftet werden. Zwischen fünf und sechs Milliarden Euro werden erwartet. Dieser Erlös soll von einer Stiftung verwaltet, angelegt und vermehrt werden. Die Stiftung übernimmt das gesamte Vermögen des RAG-Konzerns. Die kümmert sich um die Abwicklung der Zechen und die Regelung der Altlasten. Sollten die Kosten höher sein, soll nach dem Willen von Jürgen Rüttgers eine Bundesbürgschaft herhalten.
"Zum Erwerb aller Anteile der RAG AG zu insgesamt vier Euro wird eine bürgerlich-rechtliche Stiftung durch eine Gesellschaft des RAG-Konzerns gegründet, in die das Gesamtvermögen der RAG AG eingeht", heißt es dazu im Eckpunktepapier. Eon,

RWE, ThyssenKrupp und Arcelor Mittal müssen also ihre wegen der Haftung für die Ewigkeitskosten des Bergbaus quasi wertlosen Aktien wirklich für einen symbolischen Euro abgeben. (3)

Last but not least: Kohlekraftwerke wird es weiterhin geben. Betrieben werden sie dann halt ausschließlich mit importierter Kohle.

Fallbeispiele

Nach der Einigung von Berlin über den Ausstieg aus der deutschen Steinkohlenförderung kann die RAG einen Fahrplan für den Börsengang aufstellen.

Die Ruhrkohle AG wurde 1969 als Einheitsgesellschaft des deutschen Steinkohlebergbaus gegründet. 94 Prozent der deutschen Steinkohle wurde seither unter dem Dach der Ruhrkohle gefördert. 1998 wurde sie in RAG Aktiengesellschaft umbenannt und setzte vor allem auf die Sparten Chemie, Energie und Immobilien. Seither verfolgte sie das Ziel, den Konzern an die Börse zu bringen.
Die Steinkohle wurde in die RAG-Tochter Deutsche Steinkohle AG (DSK) ausgegliedert.

Die Anteilseigner der RAG AG sind Eon (39,2 Prozent), RWE (30,2 Prozent), ThyssenKrupp (20,6 Prozent) und der Stahlkonzern Arcelor Mittal (6,5 Prozent).

Die RAG AG ohne die defizitäre Steinkohle hat drei Säulen: Degussa, STEAG und RAG Immobilien.

Degussa

ist einer der weltgrößten Spezialchemie-Anbieter, der Fein- und Industriechemikalien wie etwa Futtermittelzusätze und Pharmavorprodukte, Spezialkunststoffe, Vorprodukte für Konsumgüter und Kosmetika sowie Zusätze für Lacke oder Klebstoffe herstellt. Das Unternehmen macht rund elf Milliarden Euro Umsatz und mehr als 800 Milliarden Euro Betriebsgewinn.

STEAG

ist der fünftgrößte Stromerzeuger in Deutschland mit insgesamt knapp 5 000 Mitarbeitern. STEAG betreibt acht Kohlekraftwerke, plant und betreibt Kraftwerke im Auftrag anderer Firmen, transportiert und vermarktet Steinkohle, Koks und Kohlenwertstoffe und ist im Bereich Gasversorgung, -transport und -

handel tätig.

RAG Immobilien

ist die Immobilientochter der RAG. Mit rund 2 300 Mitarbeitern erreichte RAG Immobilien im Jahr 2005 einen Umsatz von 520 Mill. Euro. Das Konzernergebnis vor Steuern lag bei 125 Mill. Euro. (7)

Bis zum Börsengang ist in Sachen Steinkohle noch einiges zu tun: Gutachten für die Stillsetzungskosten bis zur Beendigung der Kohleförderung im Jahr 2018 und für die Alt- und Ewigkeitslasten, Festlegung des Finanzvolumens, Verabschiedung des Steinkohlefinanzierungsgesetz, Erblastenvertrag, Rückbürgschaft vom Bund. Der Rest des IPO-Prozesses ist dann reine Mechanik und längst gut vorbereitet. (8)

Der Börsengang soll noch im zweiten Halbjahr 2007 erfolgen. Rund 5,5 Milliarden Euro Erlös werden angestrebt. 70 000 sichere Arbeitsplätze hat RAG-Chef Werner Müller in Aussicht gestellt, wenn sein Konzern endlich ohne die teure Kohle an der Börse platziert ist. (9)

Da bleibt nur zu wünschen: Glück auf!

Zahlen & Fakten

Fördermenge und Beschäftigte im deutschen Steinkohlebergbau 1960-2005

Jahr	Geförderte Steinkohle in Millionen Tonnen	Beschäftigte in Tausend
1960	146	490
1970	114	253
1980	88	187
1990	71	130
1995	54	93
2000	34	58
2005	26	39

Quelle: Statistik der Kohlewirtschaft

Entnommen aus: Frankfurter Allgemeine Zeitung, 30.11.2006, S. 13

Weiterführende Literatur

(1) Kohle-Geldspritze soll 2000 neue Jobs schaffen aus Saarbrücker Zeitung vom 09.02.2007

(2) Feierstimmung nach Kohle-Aus Raus mit ApplausNach dem Steinkohle-Kompromiss sehen sich alle Beteiligten als Sieger. Die letzte Zeche schließt nun 2018, NRW-Ministerpräsident Rüttgers darf seine Subventionen aber schon früher einstellen. Grünes

Licht für RAG-Börsengang
aus taz, 09.02.2007, S. 7

(3) Die SPD gibt den Steinkohlebergbau nicht auf
aus Frankfurter Allgemeine Zeitung, 09.02.2007, Nr. 34, S. 1

(4) Die RAG kann jetzt den IPO-Fahrplan skizzieren Weg zur Börse ist frei - Es fehlt noch die administrative Umsetzung für die Stilllegung der Kohleförderung
aus Börsen-Zeitung, 09.02.2007, Nummer 28, Seite 11

(5) Jungehülsing, Julica, Wo Kumpel noch Könige sind, Spiegel Online, 14.02.2007
aus Börsen-Zeitung, 09.02.2007, Nummer 28, Seite 11

(6) Die Kohlefraktion ist in Rente
aus taz NRW, 31.01.2007, S. 3

(7) Die drei Säulen
aus Handelsblatt Nr. 029 vom 09.02.07 Seite 2

(8) RAG hat freie Bahn zur Börse Anteilseigner Arcelor noch widerspenstig
aus Lausitzer Rundschau vom 09.02.2007

(9) »Der Mohr kann gehen«
aus DIE ZEIT Nr.08

Impressum

Steinkohle-Kompromiss - Glückliche Politiker, unglückliche Kumpel und "Glück auf!" für die RAG

Bibliografische Information der deutschen Nationalbibliothek

Die Deutsche Nationalbibliothek verzeichnet diese Publikation in der deutschen Nationalbibliografie; detaillierte bibliografische Daten sind im Internet über http://dnb.d-nb.de abrufbar.

ISBN: 978-3-7379-2338-5

© 2015 GBI-Genios Deutsche Wirtschaftsdatenbank GmbH, Freischützstraße 96, 81927 München, www.genios.de

Alle Rechte vorbehalten. Dieses Werk ist einschließlich aller seiner Teile – z.B. Texte, Tabellen und Grafiken - urheberrechtlich geschützt. Jede Verwertung außerhalb der Grenzen des Urheberrechtsgesetzes bedarf der vorherigen Zustimmung des Verlags. Dies gilt insbesondere auch für auszugsweise Nachdrucke, fotomechanische Vervielfältigungen (Fotokopie/Mikroskopie), Übersetzungen, Auswertungen durch Datenbanken oder ähnliche Einrichtungen und die Einspeicherung und Verarbeitung in elektronischen Systemen.